SUPERARME SIEMPRE FUE UN PLACER

SUPERARME SIEMPRE FUE UN PLACER

Federico Atilio Rodriguez de Lima

Primera edición: 2023

© Derechos de edición reservados.
Letrame Editorial.
www.Letrame.com
info@Letrame.com

© Federico Atilio Rodriguez de Lima

Diseño de edición: Letrame Editorial.
Maquetación: Juan Muñoz Céspedes
Diseño de portada: Rubén García
Supervisión de corrección: Ana Castañeda

ISBN: 978-84-1181-169-9

DEPÓSITO LEGAL:

IMPRESO EN ESPAÑA – UNIÓN EUROPEA

Para mis hijos, las personas que más me quieren en este mundo, ejemplo de amor de pureza y de lealtad.
Para quienes desean superarse en cada área de su vida.
Para quienes desean seguir creciendo.
Para quienes, a pesar de todo, siempre se levantan de nuevo.
Y para quienes creen en la felicidad y el amor.

PRÓLOGO

Hay momentos en la vida en los que la luz se esfuma de nuestros días, como si alguien hubiera apagado la vela de nuestra esperanza sin permiso. Cuando eso sucede, nos sentimos terriblemente desorientados en esa abrumadora oscuridad: buscamos a tientas nuestro camino y tropezamos una y otra vez con situaciones, personas, palabras que nos lastiman y nos hacen caer; pero una vela apagada se puede volver a encender, y siempre podemos levantarnos, curarnos las heridas y buscar fuego para prender de nuevo la llama de la esperanza perdida.

Como deja entrever su título, *Superarme siempre fue un placer* es un canto a la vida y a la felicidad que trae consigo la persecución de los sueños que uno alberga en lo más profundo de su alma; es una honesta oda a la supervivencia, a la victoria que supone sobreponerse a los miedos y los fantasmas del pasado —traicioneros compañeros— cuando estos amenazan con sacar las garras y los colmillos. A través de un recorrido por la vida del autor, que abre su mundo interior al lector en un ejercicio de generosidad y expone episodios dolorosos que lo convirtieron en la persona que es hoy, toma forma un mensaje que resuena en todos: hay vida más allá de la tormenta; nuestra vida es lo más valioso que podemos sostener entre nuestras manos y nos merecemos cuidarla. Nos merecemos cuidarnos, apostar por nosotros mismos y por relaciones y experiencias que nos hagan crecer.

Invito a los lectores a embarcarse en el viaje personal que el autor emprende en este libro y, ante todo, a sumarse a repetir el mantra que lleva por título: «Superarme siempre fue un placer».

ÍNDICE

CAPÍTULO 1

Hola, querido/a amigo/a:

Desde que llegamos a este mundo, convivimos con el proceso de adaptación. En todo momento necesitamos aprender de alguna forma a adaptarnos a la vida o a diversas situaciones que están prediseñadas para nosotros, nada funciona porque sí. Las casualidades no existen y, si este libro llego a tus manos, **déjame decirte que es parte de tu propósito.** Siempre hay algo mejor por venir, siempre hay algo que nos marca un antes y un después. Por eso, amigo/a, te invito a que me acompañes por este camino que he recorrido: **déjame mostrarte** a través de este libro que **sí** se puede superar esas situaciones que hoy quizás son tormentosas para tu vida, para tu mente o para tu familia. A veces pensamos que llegamos al final, que no hay solución, nos dejamos cegar por diversas situaciones, diversos traumas que nos llevan a cometer los peores errores que puede cometer el ser humano, como quitarse la vida. Algo que me parece sumamente importante aclarar es que este libro **está** hecho con mis vivencias, mis experiencias; nada está inventado: todo fue tan real como lo es el hoy. **Más** de una vez atent**é** contra mi vida porque, así como vos, también pensé que era el final; pero algo en mi interior me daba a entender que no era así, que solamente estaba cruzando por el desierto que me llevaría a la victoria. Y cuando hablo de victoria, hablo de reposo de paz, de tranquilidad, de cumplir metas y, dichosamente, de ser feliz; de poder encontrar el amor, abrazar, reír y, como si fuera poco, inundarme en un mundo sin fin de sueños por cumplir.

Infancia

La infancia es la etapa principal de todo ser humano. Aprendí que, para entender muchas cosas, hay que empezar por este camino encontrando las raíces de nuestros problemas. ¿Dónde empezó esta situación?, ¿desde qué momento me siento de tal manera?

Quiero que te hagas esas preguntas y empieces a viajar hacia tu infancia junto conmigo. La idea es encontrar esos momentos que marcaron nuestra vida; no importa que tan amargos o dulces hayan sido, lo importante es recordarlos. Aquí es donde empiezo yo a contarte mi infancia.

Nací en la ciudad de Montevideo, un 14 de abril del año 1996. Nací por cesárea. En el proceso de la cirugía, ingerí líquido amniótico de la bolsa de mi mamá, lo que me trajo diversas dificultades en ese momento; pude ver la historia clínica de mi nacimiento gracias a que mi mamá aun la conserva. Fueron meses donde mi mamá no tenía la certeza de qué pasaría conmigo, ya que los médicos a veces daban noticias buenas y, a veces, no tan buenas. Lo importante de este proceso es que al fin recibí el alta después de tres meses. Mi mamá, en ese momento, vivía en San José, ciudad Delta del Tigre, hoy conocida como Ciudad del Plata; allí me esperaban mis dos hermanitas, Daniela y Jessica.

Vivíamos en una casita hermosa con escalerita en el frente, ya que era una casa alta. Al fondo teníamos un hermoso terreno con un campo atrás, donde jugábamos a menudo. Tengo grabados en mi mente momentos muy hermosos de esos días, donde fui creciendo y teniendo mis primeras experiencias. Viví en ese lugar mis primeros cuatro años de vida.

También recuerdo cosas feas. Hay una imagen que la tengo grabada y nunca la pude borrar de mi mente: fue ver a mi mamá recostada contra una pared y mi padre (quien me dio el apellido; es importante aclararlo, más adelante lo van a entender) amenazándola con un cuchillo.

Luego de que ellos se separaron, inició la típica guerra entre padre y madre, conflicto tras conflicto; hasta que mi mamá tomó la decisión de vender la casa y mudarnos a su ciudad natal, Artigas, donde se supone que empezaríamos una vida nueva, lejos de los conflictos y las peleas, donde todo sería, en teoría, una nueva experiencia.

Y así fue como llegué a Artigas con cuatro años, cumpliendo los cinco. En ese proceso de irnos a Artigas, no nos fuimos solo mi mamá y mis hermanas: nos acompañó quien sería el nuevo novio de mi mamá, el señor Toribio Almeida, un señor mayor. Mis recuerdos me hacen verlo intacto, canoso, delgado y alto, aparentemente unos cincuenta años largos de edad; lucía un diente de oro. No olvido jamás de su cara.

A medida que fue pasando el tiempo, nos fuimos adaptando a la nueva ciudad: fuimos visitando a tíos, conociendo a los primos… Fueron etapas lindas, donde celebrar la Navidad en familia era muy bonito. También llegué a conocer a mi abuelo materno; muchas veces nos juntábamos con todos los tíos y los primos en la casa del abuelo a almorzar; o esos días especiales, como los cumpleaños del abuelo etc. Fui conociendo los niños del barrio, fui haciendo mis amiguitos, como decimos los uruguayos; un barrio sencillo llamado barrio Ayuí, con un corazón enorme marcado por su gente, vecinos que recuerdo con mucho cariño.

Hoy por hoy, la mayoría de las personas que vivían en nuestro alrededor de ese barrio ya se mudaron o volaron a otras ciudades, pero algunos aún se mantienen en la zona.

Fue pasando el tiempo. Me inscribieron a mí y a mis hermanas en la escuela n.º 79, ubicada en el barrio Progreso; mi mamá abrió un almacén en la casa que se llamaba almacén La Roca; y así fuimos avanzando en la nueva ciudad.

Éramos los montevideanos para los vecinos al principio. Todo venía marchando muy bien, hasta que alrededor de mis seis años, una mañana, me despierto y miro para el cuarto de mis hermanas y veo como el señor Toribio se movía delante de una de mis dos hermanas mientras ella estaba acostada en su cama. Mi inocencia me llevó a enfrentarlo y preguntarle por qué se movía de determinada manera delante de mi hermana, y ahí fue el comienzo de un golpe tras golpe donde la violencia tocó fuerte mi puerta; donde el señor Toribio me pegaba terribles palizas para que no abriera la boca.

Donde di inicio también a mi rebeldía, donde empecé a tener cambios de actitudes con mis hermanas, con los vecinos, con mi madre…, en fin, ya dejé de ser yo. Donde ir a la escuela o salir a la calle me hacía sentir más feliz que estar en casa.

Fue pasando el tiempo, fuimos creciendo. Estas cosas siguieron sucediendo hasta que un día fuimos a cortar leña con mi mamá, mi hermana Daniela y el señor Toribio al campo de La Catita, que estaba ubicado en el mismo barrio ayuí.

Ese día, para mamá fue un día trágico, de dolor, de angustia y de llanto; para mí y mis hermanas, fue un día de alivio donde ese señor dejó de existir a causa de un infarto al corazón. A veces pienso si fue Dios que lo llevó antes de que yo creciera y cometiera alguna locura que me perjudicara aún más a mí.

Luego de eso, los años siguieron pasando, las heridas fueron quedando sin ayuda, sin abrazos, sin un «te amo». No fue fácil crecer. Una vez que ese señor partió, yo seguí haciendo las mismas cosas: saliendo a la calle a cualquier hora, reclamando por qué no tenía a papá como todos mis demás amigos… La ausencia de mi padre también me marcó de gran manera, lo más difícil era llegar a casa y recibir otra golpiza de mi mamá por haberme ido sin avisar o por llegar tarde o por portarme de determinada manera. Fue un ciclo de violencia tras violencia.

Hoy les digo a ustedes, que ya son padres: escuchen a sus hijos. Abracen fuerte, denles atención antes de retarlos, pegarles o hacerles algún reproche. Pregunten por qué se comportan de determinadas maneras. A veces, a los niños nos cuesta hablar; y digo «nos cuesta» porque estoy en el papel del niño que alguna vez fui y que aún sigue intacto en mi interior. Es necesario que ustedes, como padres, generen ese vínculo de confianza; sin confianza, difícilmente los niños hablan. Si no les sale, busquen ayuda. AYUDEN A SUS HIJOS. Existe la terapia a través de psicólogos; muchas cosas que pueden salvar a tu hijo de crecer herido y marcado. No vivan solo para ustedes, entiendan que, si tienen hijos, tienen responsabilidades y la principal es amarlos sin límites.

El amor cuida protege y ayuda. Recuerda que todo lo que se planta en la faz de la Tierra se cosecha; y si esos niños heridos no encuentran el método de sanar sus heridas, su futuro no será nada bonito, si llegan a tener un futuro. Una vez más, les aliento, padre y madre: AYUDEN A SUS HIJOS.

Y para vos, que fuiste ese niño, así como yo, con una infancia marcada y no de la mejor manera, te animo a que busques ayuda y saques afuera lo que tienes adentro. Anímate a hablar con algún amigo como me animé a hacerlo yo, incluso con más de uno, para poder sacar toda la basura que llevaba adentro. No nos guardemos esas cosas porque tarde o temprano nos terminan pasando factura: el cuerpo se enferma y le mente se cansa.

> **EL MIEDO PUEDE PARALIZAR, DOMINAR, AISLAR, PERO ANTE UN ATISBO DE VALENTÍA CEDERÁ TERRENO RÁPIDAMENTE.**
>
> **JOSÉ ANTONIO MARINA**

Siguiendo con mi historia, querido amigo/a, te invito a que me acompañes por mi adolescencia, porque la historia aún continúa. **Más adelante**, verás los métodos que usé yo para sanar esas heridas que marcaron mi infancia de gran manera.

Te animo, querido/a amigo/a, a que continúes por este viaje que hemos emprendido juntos. Quiero y creo indudablemente que tú en algún momento también dirás: «SUPERARME SIEMPRE FUE UN PLACER».

Adolescencia

A todos nos toca llegar a la etapa más complicada, dijeran los papás la «adolescencia»: una etapa donde empezamos a descubrirnos, a entendernos un poco mejor, a elegir las cosas que queremos para nuestra vida, siempre y cuando encontremos esa dirección o tenemos quien nos guíe. A mí me tocó llegar a la adolescencia con miedos, con muchísima desconfianza en mí mismo a causa de lo que había vivido años atrás; no fue fácil. Ni bien no todo fue malo: hubo momentos muy lindos que hasta ahora disfruto recordarlos; incluso a veces me río solo de ellos, pero no nos vayamos del tema, sigamos viajando juntos. Sigamos buscando esos momentos que han marcado nuestra vida porque es la única forma de poder sanar y seguir adelante, caminando livianos sin ese peso del pasado que tanto nos agobia.

Llegando a mi adolescencia, me costó mucho ser parte de un grupo. Siempre fui el sumiso, el que todos cachaban, como se dice en Artigas, o descansaban con insultos. Era fácil mirarme y decirme «Ahí viene el raro», por no decir otras cosas, que, al escuchar, me dolían muchísimo. Muchas veces me golpeaban porque me veían como blanco fácil y yo no me sabia defender. Seguía en un círculo de violencia.

(Qué loco cómo seguimos atrayendo las mismas cosas al pasar de los años cuando no sabemos cortar lazos, cortar maldiciones o sanar heridas y soltar para permitirnos que llegue lo nuevo).

No me juzgo porque soy consciente de que aún era joven y no conocía los caminos para salirme de este siclo que me perseguía desde muy chico. A medida que siguieron pasando los años, estas cosas me seguían llevando a la calle, jamás a mi casa. En la adolescencia fue cuando, a causa de todo esto que marcó mi vida de gran manera, empecé a juntarme con chicos y chicas que también andaban en la calle; y ahí fue donde forme mis primeros «amigos». Lo pongo entre comillas porque ahí fue cuando conocí la bebida alcohólica, el cigarrillo y la marihuana.

Como sabemos bien, cuando hay joda, alcohol y drogas, todos somos amigos; cuando eso se termina, indudablemente nos encontramos solos. A base de mi rebeldía, alrededor de mis trece años, mi madre ya no sabía qué hacer conmigo, ya que yo ya era dueño de la calle por decirlo de alguna forma. Me iba a los ensayos de las escuelas de samba, volvía a cualquier hora en épocas de verano, tomaba caña, buscaba calor, buscaba compañía, buscaba sentirme parte de algo. Un día, cansado de tantos reproches por parte de mi madre, tantos insultos, a veces hasta golpes, me salí de las casillas. Jamás me había animado a levantarle el tono porque sabía que atrás de eso venía una cachetada, pero no me importó; y fue cuando le dije que su novio, quien para ella lo era todo, tanto lo idolatraba y tanto le había afectado su muerte, había abusado de sus hijas y a mí me golpeaba sin cesar. Para mi mamá, fue algo impactante porque ella jamás se lo imaginó. En ese momento, se encerró en su cuarto; lo recuerdo como si fuera hoy. Unas horas más tarde, llega mi hermana Jessica, la mayor; y mi mamá le pregunta si lo que yo le había dicho era verdad. Mi hermana le responde: «Sí, mamá, es verdad. Si él no se hubiese muerto, yo hubiese quedado embarazada de él». Fueron momentos muy duros, pero que fueron necesarios para que mi madre se diera cuenta, lastimosamente tarde, de quién era realmente Toribio Almeida.

Fue pasando el tiempo y mi mamá no tuvo la mejor idea que mandarme a Maldonado con el papá de mis hermanas, una persona que había visto, como conté antes, en mis primeros cuatro años de vida; después jamás lo había vuelto a ver. Fue una situación muy dolorosa, otra de tantas; tenía que dejar a esas personas que había conocido en la calle y a las que les había tomado mucho cariño para irme con alguien que ni siquiera me acordaba de su rostro. Jamás me preguntaron si quería ir, jamás me dieron la opción a nada. Así, de repente, un día me estaba subiendo al autobús y él me esperaba en la terminal X, en la ciudad de Montevideo. Yo, en ese momento, no entendía nada; no quería ir, pero por ser menor tenía que obedecer.

Llegando a X, ahí me esperaba el señor Atilio Rodríguez. Fue un saludo sencillo, ya que no había mucho de que hablar, éramos completamente dos desconocidos. Fuimos a la boletería y compramos los boletos para irnos a Maldonado. Recuerdo que llegamos a Maldonado cerca de las dos de la mañana, más o menos. Cuando llegué a Maldonado con este señor, nos tomamos un colectivo que nos llevó a la avenida Camino de los Gauchos; después, de ahí, caminamos un par de cuadras hasta llegar a donde íbamos a vivir. Me quedé totalmente helado y asustado, ya que me había llevado a un asentamiento, un lugar muy pobre donde vivía una familia compuesta por dos adultos y niños.

En el lugar, manejaban un taller de motos y al poco tiempo abrieron un cíber. Por ese lado del cíber me sentaba y me olvidaba de todo. Muy a menudo, abría Facebook para ver fotos de mis hermanas y lloraba porque no quería estar en ese lugar.

Siguió pasando el tiempo, me mandaron a trabajar con una empresa de parques y jardines donde cobraba los viernes y me compraba ropa. Era lo único bueno para mí en ese momento, al menos me distraía.

Y así fue como pasó casi un año y yo aún seguía viviendo ahí. Por allá, a las cansadas de tanto decir «Me quiero ir, me quiero ir», me mandaron nuevamente para Artigas. Yo, muy feliz de volver, quería hacer las cosas bien; quería comportarme porque no quería que me volvieran a mandar otra vez para Maldonado.

En ese momento, al volver, conocí y me acerqué a una Iglesia donde concurrían mis hermanas sobre la avenida Baltasar

Brun, en la ciudad de Artigas. Fue un tiempo muy lindo donde aprendí mucho sobre Jesús, sobre el amor de Dios; y eso, en parte, también me ayudó a limpiarme un poco de todo lo que venía viviendo. Acepté a Jesús como mi señor y salvador. Ese mismo año, cerca de la fecha de carnaval, concurrimos a un acampamento de jóvenes donde pasaron cosas hermosas; me sentí muy feliz y pleno, puedo decir que sentí a Dios en mi vida, pude sentir ese amor paternal que tanto me hacía falta. Luego de ese acampamento, muchas cosas cambiaron en mi vida.

Cuando por fin me sentía tranquilo, contento que dentro de todo andaba bien (ya no salía, había dejado de lado las juntas), llega la noticia de que nos íbamos de Artigas. Otra vez arroz, sí, así como lo leíste. Por supuesto, yo no me quería ir, pero nuevamente seguía siendo menor y tenía que obedecer.

Mi mamá vendió la casa y siguió a Claudio Fernández, su primer hijo, mi hermano mayor, quien vivía desde los dieciocho en la ciudad de Colonia de Sacramento. Fue criado con su padre, por eso no lo había nombrado antes. Recuerdo que llegamos a Colonia cerca de la Navidad; yo tenía catorce años, seguía siendo un adolescente. Al llegar a Colonia, todo venía dentro de todo bien, aunque yo lloraba en el autobús para no irme de nuevo de Artigas. Lo recuerdo como si fuera hoy.

Mi mamá, en ese entonces, le había hecho el envío del dinero de la venta de la casa a mi hermano, quien nos alquiló un garaje para vivir con una cocinita y un baño. Al llegar, fue una desilusión más por que la idea era alquilar una casa y no un garaje. El muy sensato llevaba a mi mamá para arriba y para abajo mostrándole terrenos, ilusionándola con la idea de que comprarían un terreno y mi mamá volvería a tener su propiedad, cosa que jamás paso.

El tiempo siguió pasando y, como dice el dicho, las palabras se las lleva el viento. Yo, cuando llegué, me autoanoté en un centro educativo de la ciudad donde entraba a las 9 a. m. y salía alrededor de las 19. En Colonia y en parte del Uruguay, es conocido como CECAP. En la mañana, cursábamos en ese centro de estudio y, al medio día, nos cruzábamos a la UTU, donde cursábamos un FPB de Informática. En ese entonces fue cuando me empecé a relacionar con la gente de Colonia, nada que ver a lo que yo estaba acostumbrado, ya que la gente de Colonia es muy distinta a la gente de mi tierra querida, Artigas. Nuevas experiencias, nuevas personas, nuevas oportunidades.

Algo que es sumamente importante tener presente es que mi hermano no me quería a causa de que mi mamá le había contado siempre sobre mi rebeldía (pero jamás la causa de mi rebeldía). Él me nombraba en ese momento el parásito de la familia. Ni bien nunca logramos coincidir, siempre tuvimos muchas diferencias. A lo que fueron pasando los años, yo ya no me callaba alrededor de los quince años; así como me había animado a contarle a mi mamá lo del abuso de mis hermanas, ya había generado en mí un poco más de confianza para no callar y decir las cosas siempre como realmente eran a mi parecer; y eso siguió causando inquietudes en mi vida por ser justo a la hora de hablar. Muchas veces, mi hermanito me decía: «Si no tienes, plata no opines»; y mi mamá lo apoyaba, cosa que me seguía doliendo, cosa que me seguía formando a mí como persona.

Fui aprendiendo lo que ya no quería en mi vida. En ese mismo año 2012, conocí en la UTU a una chica. Empezamos a salir de novios; ya tenía otras cosas para distraerme y empecé una vez más a alejarme de mi casa. Fui empezando a salir, a conocer más personas, me fui adaptando una vez más a una nueva ciudad y confiando ciegamente en que sería una nueva oportunidad de empezar de cero, dejando atrás todo lo vivido en Artigas.

Así fue como pasé gran parte de mi adolescencia, siempre soportando, aguantando y llorando mucho. Pero no se trata de ser víctima ni de mantenerse toda la vida en el papel de víctima. Se trata de expresar la verdad, aunque el mundo se te ponga en contra; se trata de aceptar la realidad que nos toca vivir y buscarle el lado positivo, aunque a mí me costó. Muchas veces me preguntaba y hablaba con Dios, diciéndole: «¿Para qué nací?». Hoy tengo mi respuesta: nací para ayudar a otras personas; nací siendo un maestro; nací siendo un ser de luz. Los mejores guerreros se forman en las peores batallas; por eso, amigo/a, no desesperes, seguí avanzando; no importa cuántas piedras haya en tu caminar, no importa cuántos obstáculos se te enfrenten. Enfócate en tu meta si es que tienes una meta; y si no es así, te animo a que hoy te pongas una meta. Anímate a darle sentido a tu vida, anímate a ser diferente, a no cometer los mismos errores, a no dejar que las malas personas cambien tu esencia con su veneno. Depende de ti si quieres cambiar tu destino y el de tu descendencia. Mi meta en ese momento era poder ser feliz, luché y peleé hasta que hoy me siento pleno y feliz, pero aún hay mucho por descubrir. Ni bien vamos creciendo, vamos avanzando y la vida continúa; eso influye en que seguimos cultivando experiencias, seguimos golpeándonos y seguimos formándonos como personas, que es lo más importante. No te quedes acá, sigamos viajando juntos. Llega el momento de la mayoría de edad; yo, en mi caso, la tomo desde los dieciséis años. Acompáñame y descubrí el porqué.

> *Solo aquellos que se atreven a sufrir grandes fracasos son capaces de conseguir grandes éxitos.*
>
> **WILL SMITH**

Adultez

Llegamos juntos a una nueva etapa. Es un placer que me estés acompañando por este camino que he recorrido. El sueño de todo niño es llegar a ser adulto. Indudablemente, cuando somos adultos, se nos pincha esa burbuja y decimos que era el sueño más absurdo que se puede tener.

Para mí, querido lector/a, es un honor que hayas llegado hasta este punto porque acá es donde aún siguen sucediendo cosas que marcaron mi vida, pero muy en breve verás como se puede dar vuelta la torta frita y todo cambia. Como dice el dicho, siempre hay un mejor porvenir.

Siempre hay que mantener la esperanza en un nivel alto, pero principalmente trabajar por nuestros sueños; jamás dejar de soñar; ser conscientes de que somos seres vivos y necesitamos actuar; como dije anteriormente, darle sentido a nuestra vida. Sin esfuerzos, no hay recompensa.

A mis dieciséis años, ya tuve que dejar de estudiar por la presión en mi casa. Como mencioné anteriormente, si no tenía plata, no podía opinar; y así muchas cosas más que me impulsaron a salir a buscar trabajo. Aun siendo menor de edad, tuve mi primera experiencia laboral en una heladería de la ciudad, con el permiso de INAU firmado por mi mamá; así es como inicié mi mayoría de edad. Ya tenía trabajo, ya me sentía un adulto, muy lastimado y herido por las vivencias del pasado, que golpeaban muy a menudo mi mente.

Ir a trabajar era un alivio, ya que había conocido lindas personas en ese lugar. Mi expatrón me decía: «Le tienes un amor a la heladería, Fede». Yo me reía porque en realidad sí me había encariñado con el lugar y con las personas que trabajaban ahí, me hacían sentir muy querido. Recuerdo que entré a trabajar casi a fin de año, los compañeros ya habían hecho el sorteo para el regalo amigo; como yo no había podido presenciar el sorteo porque aún no había entrado a trabajar, uno de esos compañeros fue y me compró una remera para que yo también tuviese mi regalo. Para mí, fue algo muy hermoso, una demostración de aceptación muy importante en ese momento, algo que jamás había recibido. No va en el regalo, no va en que jamás me hubiesen regalado nada. Va en la acción de hacerme formar parte del grupo y no dejarme de lado. (Amo la frase que dice: **«Seamos amables con todas las personas por que no sabemos qué batallas pueden estar cruzando»**).

Fue pasando el tiempo hasta que cumplí los diecisiete años. Luego de ahí, por motivos salariales y por mejorar, me fui a trabajar a un restaurante llamado el Drugstore, ubicado en la querida y hermosa Ciudad Vieja de Colonia, un lugar mágico enfrente a la iglesia catedral, algo que mis ojos jamás habían visto. Para mí era un logro tremendo en ese momento haber entrado a trabajar en ese lugar. Me encantaba la música en vivo, *bossa nova* sonaba en ese lugar, mucha música brasilera, cosas que me gustaban mucho.

Me acuerdo que entré al lugar haciendo el trabajo de mantenimiento en las sillas, pintando paredes…, en fin, en el área de mantenimiento. El tiempo fue pasando y mis ganas de seguir creciendo eran tremendas, algo que me dio la vida (y tengo que ser muy agradecido) es voluntad por seguir avanzando siempre. No logro estancarme, siempre quiero seguir subiendo. Después de unos meses, al haber culminado con las tareas de mantenimiento, por mi desempeño y mi buena voluntad a la hora de trabajar, el dueño del lugar me ofrece seguir trabajando en el lugar como ayudante de los camareros. Fue un sí al instante, me encantaba la idea.

Fui aprendiendo sobre los platos de la cocina, fui aprendiendo a armar las mesas, a cómo acomodar los cubiertos… Para mí fueron experiencias muy hermosas que, si me dieran la oportunidad de volver a hacerlo, lo haría. El trato con la gente también me ayudaba muchísimo a desarrollarme en el rubro y en la vida porque siempre los clientes, además de sentarse y pedir su comida, contaban alguna historia, alguna anécdota o cosas que descubrían en sus viajes o desde donde venían, era superlindo escuchar. En ese lugar atendí a personas prácticamente del mundo entero, fue algo mágico.

Fueron pasando los meses, nuevamente me volvieron a ascender a camarero oficial. Yo recuerdo que estaba muy feliz, el grupo de colaboradores era un grupo de personas excepcionales. Conocí gente muy linda, aprendí a ser parte de un grupo, aprendí a querer a las personas tal cual son. Había una persona en particular en ese lugar que en parte me ayudaba a aprender más sobre el rubro y en otra parte no tanto, porque vivíamos discutiendo por diferencias, como pasa en todo trabajo.

El tiempo siguió pasando, yo ya había terminado mi relación con la chica que había conocido en UTU; fue una relación de dos años más o menos, y bueno, en fin, la vida siempre continúa. Recuerdo hacíamos salidas, tomábamos alguna cervecita con los compañeros después de cada jornada terminada; ahí nos íbamos conociendo, nos divertíamos, nos gozábamos. Y así fue como poco a poco ya ni me acordaba de lo que había vivido años atrás; se me empezó a girar la ruleta. En ese entonces andaba contento, tenía un lindo grupo de compañeros, fue algo maravilloso. Una etapa más de aprendizajes, de experiencias y de un mundo sin fin de locuras.

Como nombré anteriormente, había en el lugar una persona que a pesar de que teníamos diferencias y discutíamos muy a menudo por temas laborales, voy a asumir que me encantaba su rebeldía. No sé por qué, pero la veía como una mujer bruta, rebelde, independiente, y eso me enamoró en ese momento. En fin, entre salidas a tomar cervecita y vueltas por acá y por allá, terminamos estableciendo una relación amorosa.

Un día, veníamos caminando y ella me dijo: «Qué loco, ¿no?», cada uno tenía su vida. «Vos por tu lado, yo por el mío y hoy caminamos de la mano». Yo en el momento me reí por dentro, pero creo que no hay otra forma de encontrarse en la vida: llegan las oportunidades y todo en la vida forma parte de un propósito. Con esta chica, al pasar unos meses, nos fuimos a vivir juntos, ya que mi mamá en su momento no la quería; incluso me echó de la casa por estar con ella, algo loco y difícil de entender, pero una realidad más que me tocó vivir.

Como digo, fue parte del propósito porque la relación con esta persona cada vez se hacía un poco más fuerte y cada cosa que pasaba nos impulsaba estar más unidos. Nos fuimos a vivir juntos a una casa en el campo por ruta 21, kilómetro 181, casa que alquilaba su papá y al irse nos dejó el alquiler. Pasaron momentos muy lindos en ese lugar. Mientras fuimos dos, todo fue maravilloso.

El tiempo fue pasando y ella quedó embarazada de mi primer hijo, hoy llamado Thiago, qué nervios tenía yo; con diecinueve años ya iba a ser papá. Fue una mezcla de emociones, era algo que lo anhelaba pero que no sabía que iba ser tan pronto. En fin, la idea de ser papá me llenó de amor el corazón; la idea de que estaba formando mi propia familia me hacían saltar en un pie de felicidad. ¡Síí, al fin estaba siendo feliz realmente! Entendía que el irme de Artigas una vez más fue una nueva oportunidad de volver a empezar.

Y así fueron pasando los meses. El embarazo avanzó. Llegados a los tres, cuatro meses de embarazo, la mamá de esta chica nos ofreció irnos a vivir a su casa por comodidad y también para que su hija esté más cuidada, cosa que aceptamos, ¿por qué no? Dejaríamos de pagar alquiler, íbamos a poder darle un mejor estilo de vida a nuestro hijo. Ni bien nos fuimos a vivir a la casa de su mamá, fueron pasando los meses. Al fondo de la casa, había un quincho, el cual nos ofrecieron trabajar en él, derribar una pared, construir un baño y, así, de a poco, ir construyendo lo que sería nuestra casa; cosa que fuimos haciendo lentamente. Mientras disfrutábamos el embarazo, construíamos la casa al fondo de la casa de su mamá. Yo en ese momento trabajaba durante la mañana y estaba por la tarde en casa, siempre haciendo una cosa u otra. Tenía los sábados y los domingos libres, disfrutaba.

A medida que fue pasando el tiempo, nos mudamos para la casa del fondo. Estábamos contentos. Estábamos alegres. Pero llegó un momento después del nacimiento de mi hijo donde esta señora, la mamá, hoy la abuela de mi hijo, se metía en todo; esa típica suegra metiche. No tenía ni voz ni voto como hombre de la casa o como líder de familia. Un ejemplo: poníamos la heladera en cierta parte de la cocina y venía la señora y decía «Guises, ¿no les parece que queda mejor la heladera allá?», y la heladera siempre terminaba donde decía la señora. Y así como muchas cosas más: la crianza del niño, qué hacer, qué dejar de hacer… Yo ya no quería vivir ahí. Para ese entonces, cuando yo decidí que ya no quería vivir más ahí, mi hijo tendría alrededor de un año y poquito. Fue una decisión muy dura, donde llorando a los pies de la cama le dije a mi ex: «Vámonos de acá, vámonos a alquilar». Lógicamente, me terminé yendo solo. Estaba cansado de que me dieran órdenes, de que no pueda decidir por mi hijo ni por mi familia ni por mi bienestar. Hoy por hoy agradezco porque sé que es un ciclo cumplido.

Llegué a la vida de esa chica a cumplir un ciclo, y como todos sabemos, todo lo que empieza en algún momento termina. Quizás hubiese durado un poco más si esta señora no se hubiese metido tanto en nuestra vida. O quizás me equivoco. Pero la realidad es que aprendí que no quiero vivir nunca más en la casa de un suegro o suegra. Fue mi primera y única experiencia viviendo abajo del techo de una suegra. Como dice el dicho, «casado casa quiere».

Para mí, afrontar la situación de irme no fue fácil. Recuerdo que en ese momento estaba trabajando en Yazaki, una fábrica ubicada en la ciudad de Colonia del Sacramento. Recuerdo que la primera semana, después de haberme separado, dormí en el parque Fernando porque aún no había cobrado el sueldo. No tenía donde quedarme Y necesitaba cobrar para poder pagar un alquiler y así empezar una vez más.

Presente en la vida de mi hijo siempre estuve. Desde muy chiquito se iba a quedar conmigo. Nos divertíamos, aprendimos juntos, nos adaptamos juntos a la casa del papá y a la casa de mamá. Normalmente, me lo llevaba yo cuando tenía mis días libres, licencias o vacaciones. Ahora, si me preguntan, ¿cómo me sentí en ese momento?

Se me cayó el Mundo al piso. Sí, así como lo lees, se me cayó el mundo al piso cuando por fin en parte me sentía bien, me sentía feliz de haber logrado formar una familia que tenía una pareja estable. Teníamos planes de casarnos, yo se lo había propuesto y ella me había dicho que sí. El amor estaba, pero a veces el amor no es suficiente. Lo descubrí en ese momento. Hay que ser valiente. Hay que ser capaz. Hay que tener agallas para pelear por la familia, para defender lo que verdaderamente te importa.

Sufrí mucho después de haberme separado, pasé tres, cuatro meses de una manera muy triste, donde iba a trabajar y lloraba; donde salía de trabajar y lloraba; y una vez más, le preguntaba a Dios. «¿Para qué nací?, ¿por qué me toca sufrir tanto?» eran mis preguntas hacia Dios. Recuerdo que una de esas noches, cansado de la depresión, cansado del trabajo, cansado de todo lo que venía viviendo, me acosté a dormir y dejé la cocinilla prendida. Recuerdo que había puesto grasa a cocinar para preparar chicharrones. Me tiré en la cama, me dormí, me olvidé. Por allá me despierto: humo negro por toda la casa. Creo que si no me hubiese despertado, hoy no estaría escribiendo este libro, dando testimonio como acta notarial de mis vivencias.

Traté de seguir trabajando, oraba mucho, hablaba con Dios cuando me sentía solo. Pasaron los meses, me fui comprando las cosas para dentro de la casa. Me empecé a enfocar en seguir avanzando porque tenía a Thiago en mi vida y él me necesitaba ver bien. Recuerdo que cuando recién me mudé solo, no tenía ni siquiera una frazada para taparme, porque el día que me separé me fui solamente con la ropa. La madre de mi hijo lo llevaba y no le importaba si yo tenía para comer; no le importaba a dónde iba a dormir el chiquilín; no le importaba nada. Fueron cosas que me marcaron, que me hicieron preguntarme con quién estaba yo. A esta mina le di un hijo. ¿Conocen el dicho ustedes que dice: «Los amigos se conocen después de una pelea, la pareja se conoce después del divorcio»? Y bueno, así, en fin. Ya no había nada que hacer más que seguir con mi vida hacia adelante y así seguí trabajando, triste por haber perdido.

En ese momento pensé que había perdido algo que pensaba que era mío y no era así, me costó mucho remarla. No voy a decir que fue fácil, pero fue necesario. ¿Saben por qué? Porque aprendí a dónde sí y a dónde nunca más. Como vengo diciendo, fue un proceso duro; fueron meses de depresión, meses donde me reprochaba y me decía: «¿Por qué tengo que estar viviendo esto?». Recuerdo que tenía veintiún años en ese momento. «Esto lo tiene que vivir un hombre adulto de cincuenta o sesenta, alguien que se haya portado mal, no yo», eran mis pensamientos en ese momento, queriendo buscar respuesta.

Buscaba sentirme bien. A pesar de todo, la vida continuó. Fueron pasando los años, conocí a muchas personas nuevas después de haberme separado. Empecé a ir a los bailes, hice amistades nuevas, cambié de trabajo, empecé a tomar alcohol. Me partía al medio principalmente los viernes. Baile, mujeres…, intentaba llenar ese vacío que había quedado en mi interior de alguna forma o quizás estaba disfrutando mi etapa de soltero. Conocí muchas chicas. Tuve varias relaciones, relaciones pasajeras donde era cama, sexo y hasta mañana.

No me arrepiento, la pasé bien, disfruté después de tanto tiempo amargado. Creo que no me vino mal un poco de diversión. A veces, cuando hablaba con mis amigos, tocaba el tema de la pérdida de mi familia, esa chica y mi hijo. Les contaba lo importante que habían sido para mí, lo feliz que me sentía cuando construíamos la casa, cuando nos enteramos del embarazo, cuando vivíamos solos como novios… En fin, hablaba de mi experiencia vivida. Y ellos me decían: «Ya te va a tocar, Fede. Ya va a llegar una persona nueva a tu vida, vas a poder formalizar tu familia de nuevo y empezar de nuevo». Yo me reía y decía: «Será, ja, ja». Pensaba que ya no iba a tener más hijos ni nada, que iba a vivir la vida loca. Pero no era lo que yo quería. Y también lo sabía. Porque siempre soñé con casarme, con tener una familia. Con tener un buen trabajo. En fin, con ser feliz.

Siguieron pasando los años hasta que llegó una persona a mi vida. Su nombre es Casandra Hernández, una chica de pueblo sencilla, divertida, alegre, con una risa que levanta los techos. Así llegó ella, sonriéndome; y yo, como loco con esa sonrisa. Sí, así como lo estamos leyendo. Yo creí que me iba a quedar solo y que no me iba a poder enamorar de otra persona, como ya me había enamorado una vez. Y fue así, quizás no me haya enamorado de la misma forma que me enamoré por primera vez, pero sí puedo decir que me enamoré de una forma distinta. Me enamoré de una persona que se las sabe jugar por lo que quiere, que sabe defender lo que ama, que sabe querer bonito, que sabe entender a las otras personas y que sabe amar, con un corazón puro y sincero. Tiene una mirada transparente. Esta chica que conocí, como la nombré, Casandra Hernández, vivía en un pueblo llamado Tarariras.

Empezamos a hablar. Un día dijimos que ella viniera a visitarme, a conocerme. Yo pensé, sinceramente, que no iba a venir. Y le dije dónde trabajaba y a qué hora salía. Cerca del horario de salida, miro para afuera y allá estaba ella, sonriendo, saludándome con la mano desde la esquina. Cuando la vi, me enamoré al instante. Me enamoró su simpatía, su sonrisa, su tamaño, ya que es una mujer alta con lindos pechos y buenas piernas. Dije: «Madre mía, de acá no salgo más».

Nos fuimos conociendo. Después de esa vez, fuimos a mi casa; tomamos mate sentados en el fondo; conversamos; dejamos que las cosas fluyeran.

Siguieron pasando las semanas. Nos escribíamos todo el día. A veces me tocaba ir a mí a Tarariras a visitarla; o, a veces, venía ella también a visitarme. Estábamos tan felices juntos que a los seis meses tomamos la decisión de que ella se viniera a vivir a Colonia conmigo. Qué loco, ¿no? Todo así tan rápido. Mucha gente nos trató de locos, principalmente su familia. «No, Casandra, ¿cómo vas a irte, dejar todas tus cosas? Hace poquito que están. Anda a saber si funciona. Estás loca», le decían; pero a ella no le importó el qué dirán, se la jugó y se vino a vivir a Colonia conmigo.

Yo empecé a estudiar una carrera, Auxiliar en Administración. Luego seguí con Auxiliar en la Administración Contable. Para ese entonces, yo estaba trabajando de guarda de seguridad. Pero la idea era seguir avanzando y seguir creciendo. Y así fue: una vez recibí los títulos, empecé a buscar trabajo nuevo para poder darme una mejor vida a mí, a Casandra y a mi hijo Thiago.

Fueron pasando los meses, le propuse matrimonio. Ella siempre me había dicho que quería una familia, que quería casarse, que quería ser mamá; y yo también le contaba que era lo que siempre había querido y que uno de mis sueños era casarme. Así que tomamos la decisión de ir al juzgado juntos y hacer las averiguaciones necesarias para casarnos legalmente.

Así fue como un 15 de abril del año 2021 nos casamos en el juzgado de Colonia. Una semana antes del casamiento, nos enteramos de que íbamos a ser papás. Qué nervios que tenía esa chiquilina. Un susto tenía encima… y yo saltaba de alegría. Tenía una felicidad tremenda: me iba a casar y estaba teniendo la oportunidad una vez más de tener mi propia familia. Con Casandra todo fue distinto porque no hubo ninguna suegra metiche en el medio. Con Casandra fuimos dos en todo momento, en cada decisión, en todo lo que hicimos; decidimos juntarnos, decidimos casarnos, decidimos ser felices a pesar del qué dirán.

Hoy me toca destacar que soy un hombre feliz. A mis veintiséis años, estoy casado, tengo a mi esposa, tengo mis dos hijos (Thiago por cumplir los siete el primero de diciembre del 2022; y Franchesca ya por cumplir un año el 18 de noviembre del 2022). Alquilamos una casa hermosa con tres habitaciones, un frente precioso con mucho verde, como me gusta a mí. Y hoy es donde me paro y miro atrás y me doy cuenta de que ha valido la pena pasar todo por lo que he pasado, sin duda todo ha sido parte de un propósito. Hoy disfruto de mi matrimonio, de mi casa, de mis hijos. Todos tenemos adversidades en nuestro camino. Todos tenemos distintas dificultades. A todos se nos cruzan diversas situaciones que a veces no sabemos para dónde agarrar. A veces tenemos ganas de desaparecer, pero es cuando más hay que confiar, cuando más hay que seguir adelante, cuando más garras hay que ponerle a la vida, porque no es todo sufrimiento; no es todo dolor, te lo puedo asegurar. Al que actúa bien, tarde o temprano le va bien.

Te aliento después de todo lo que he vivido a que te animes a seguir avanzando. No tires la toalla porque todo tiene un antes y un después. Todo dolor tiene un final, todo proceso tiene un final. Y espero que vos, así como yo, en algún momento también puedas decir: «SUPERARME SIEMPRE FUE UN PLACER».

Hemos terminado el primer capítulo de este libro, donde hemos recorrido partes muy importantes de mi vida; y a pesar de que hayan sido dolorosas, de que me hayan marcado, lo principal es lo que me han enseñado y es a nunca bajar los brazos, a seguir soñando, a perseguir mis sueños, **más allá de la situación que esté** viviendo. Nos vemos en el próximo capítulo.

SUPERARME SIEMPRE FUE UN PLACER.

CAPÍTULO 2

Relaciones

Las relaciones, parte fundamental del día a día y de la vida de cualquier ser humano. Es importante entender que todo empieza en cómo nos relacionamos con nosotros mismos, eso es la base fundamental para poder relacionarnos allá afuera. Te dejo una pequeña reflexión a continuación como ejemplo de cómo nos podemos llegar a sentir al ir avanzando en nuestra vida sin soltar lo viejo, sin capacitarnos y sin darle un sentido a nuestra vida.

Imaginemos un soldado novato entrando en una batalla de guerra sin un previo entrenamiento. Indudablemente, ingresa al campo de batalla con desconfianza, con miedos y con muy poca seguridad en sí mismo. Demos por hecho que este soldado será uno **más de los que mueren en el campo de batalla. Ahora**, ¿vos también querés ser un solado más de los que se quedan en el campo de batalla?, ¿o serás un valiente que se entrena y sigue adelante en la batalla de la vida? Hoy te aliento y te animo a que te autoanalices y comiences a procurar un cambio para tu vida, un cambio de chip mental, un cambio en la forma de ver las cosa, para que tú también puedas decir: «SUPERARME SIEMPRE FUE UN PLACER».

Ahora te pregunto: ¿cómo son tus relaciones?, ¿cómo te llevas con vos mismo?, ¿en algún momento te has puesto a analizarte en esas áreas?

En mi caso, fue difícil poder establecer relaciones sanas a causa de los patrones mentales a los que mi cerebro estaba acostumbrado. Existen muchos tipos de relaciones. **Es importante entender que necesitamos en nuestra vida relaciones que nos sumen valor, que nos ayuden a evolucionar como seres humanos y que nos impulsen a seguir creciendo en cada área de nuestra vida.**

Cuando venimos con una historia que nos marca de una forma fuera de lo habitual, es normal que tengamos relaciones atraídas por esas cosas que nos han sucedido. ¿Por qué digo esto? Porque nuestra mente, nuestro cerebro se acostumbra a ciertos patrones o ciertas programaciones que quizás para nosotros están bien; no nos damos cuenta de que nos estamos hundiendo, estamos acostumbrados a andar en estas aguas: los malos tratos, los insultos, los golpes, la violencia física y verbal.

Una persona que nace y crece en ese ámbito difícilmente pueda darse cuenta de que eso no es lo correcto, hasta que nos animamos, nos animamos a salirnos de nuestra zona de confort como le dicen muchos. Ahí empezamos a descubrir cosas nuevas: cuando nos animamos al conocimiento, al autoanalizarnos, muchas veces llegamos a este punto a través del cansancio mental y también físico. Todo forma parte de un cuerpo una vida y un espíritu, todo tiene un límite y un punto de superación. ¿Cuántas veces te ha pasado de decir: «Esta situación me supera» o algo por el estilo?

Somos instantes de vida y necesitamos reiniciarnos; necesitamos sacarnos esas mochilas viejas que ya no debemos cargar; necesitamos abrirnos de las relaciones que nos dañan, no importa quiénes sean, sea madre, padre, hermanos, pareja o amigos. Debemos aprender a amarnos, a querernos y, sobre todo, a cuidarnos; a tratarnos nosotros mismos con el amor con que queremos que el mundo nos reciba. Nosotros en todo momento debemos ser conscientes de que todo empieza en nuestro interior; el efecto sanador empieza cuando vos decidís sanar, así como yo, que un día dije: «No quiero más vivir así, con tanto dolor guardado, con el peso del pasado a mis espaldas»; cuando vos decretes con tu boca que necitas un cambio, Dios o el universo, como te guste llamarlo, ahí estarán, dispuestos a escucharte y a ayudarte a salirte de ese lugar, de ese ámbito que te genera tanto daño y tanto mal estar. Ya no somos niños, ya somos adultos; o tal vez tú, que me lees, eres un adolescente o una persona mayor, pero que esta aún a tiempo de sanar sus relaciones, de sanar sus heridas, de emprender un nuevo camino sin heridas, sin dolor, donde la vida fluya de la mejor manera. ¿Estarías dispuesto a solicitar ese cambio?

Muchas veces, los cambios nos asustan, pero es necesario que nos permitamos sentir las emociones y el miedo; es parte del proceso. La vida es una aventura, con sus buenos y malos momentos. A todo hay que saber sacarle su provecho, pero no estancarnos con las situaciones que nos presenta la vida, sino seguir avanzando, seguir caminando hacia una meta, un objetivo. Siempre te aliento, querido/a lector/a, a que tengas metas, a que tengas objetivos por cumplir.

No importa qué tan grande o pequeño te parezcan ni el tiempo que lleves en terminarlo, lo importante es ocupar la mente en cosas productivas que nos ayudan a soltar lo que ya no nos pertenece.

Siguiendo con el proceso de las relaciones, necesitamos trabajar el desapego también como parte fundamental, tener presente que hay personas que van a llegar a nuestra vida por tiempo indefinido; hay personas que llegan a cumplir un ciclo de enseñanza y luego siguen con su caminar. Entendamos que el desapego es parte del no sufrimiento: cuando no me apego a las personas, no sufro cuando se van o cuando terminan su ciclo, como más te guste llamarlo.

Yo, en mi caso personal, aprendí a golpes a trabajar el desapego: fui por mucho tiempo ese niño herido que necesitaba amor, que se acostumbraba a lo poco y se dejaba manipular fácilmente, confundiendo el amor con el abuso que puede interponer otra persona sobre nuestra vida. En el camino de las relaciones, me costó entender quién sí y quién no. De igual manera, siempre vamos a ir trabajando en esa área siempre que vayamos conociendo nuevas personas, siempre que vayamos ingresando a nuevas etapas. Tenemos que estar en alerta, cuidándonos y dándonos la prioridad siempre, somos un solo cuerpo un solo espíritu y una sola persona que necesita amarse, respetarse a sí mismo para que los demás nos traten de igual manera. Alguna vez escuché a alguien decir: «Somos lo que vibramos»; y es muy real, lo pude comprobar yo mismo desde mis experiencias. Por eso te aliento a que vibres amor y atraerás amor, vibra en abundancia y atraerás abundancia. Todo depende de ti, de tu disposición por cambiar, por ser mejor y por salirte de donde ya no perteneces. Siempre hay nuevos lugares por descubrir, nuevas personas por conocer y nuevas aventuras por recorrer.

Ahora, si me preguntas cómo funciona eso de atraer, es simple y sencillo: yo, en este caso, aprendí mucho a manifestar y a atraer las cosas que quería para mi vida usando la oración, la meditación guiada, la visualización también como parte importante del atraer lo que quiero para mi vida. Te invito a que pruebes estos métodos que a mí me han resultado maravillosos, pero también es importante aclarar que esto no funciona por obra de magia, nada sucede de la noche a la mañana: cada pensamiento, cada deseo, cada pedido al universo o a Dios debe ir acompañado de pequeñas acciones que te acerquen a la meta o al objetivo.

Hoy vivimos, mañana no sabemos. Por eso hoy tenemos que amarnos, gritarnos a los cuatro vientos que nos necesitamos estables, felices, gozosos por el simple hecho de estar vivos y caminar livianos, dejando atrás todas las relaciones que nos dañan y no nos permiten ser. No aceptes menos de lo que mereces. Mentalízate en que eres una excelente persona; repítete mil veces, si es necesario, «Soy una relación que atrae relacione sanas y estables, soy un ser de luz que vibra luz, amor, paz, armonía. Yo no persigo, yo atraigo, y lo que es para mí me encuentra». No olvides que eres único/a, de ti depende, querido/a amigo/a, marcar la diferencia y hacer que en tu vida haya un antes y un después.

Muchas personas pasan por nuestra vida, pero sólo muy pocas llegan a ocupar un gran lugar en nuestro corazón.

ADAM SMITH

Amor

El amor es una temática y un sentimiento que nos toca a todos, a veces, por falta. Sí, falta de amor. Por muchos años, anduve en esa búsqueda intensa de sentirme amado. Cuando niño, recorriendo cada calle de mi barrio, intentaba encontrar alguien que me quisiera; recuerdo que recorría la casa de mis vecinos con la excusa de querer jugar. Hoy me doy cuenta, siendo un adulto, de que lo único que buscaba era un poco de atención, un poco de cariño, un poco de esa entrega que veía en los hogares vecino. Por mucho tiempo también me pregunté: «¿Será que, por ser un hijo no deseado, no me quieren?, ¿por qué me gritan?, ¿por qué me pegan?, ¿por qué no me abrazan y me dicen que me aman como veo que los papás de mis amigos lo hacen?». Muchas veces me cuestioné esas mismas preguntas, intentando aliviar el llanto que cargaba en mi alma; el peso del dolor, la violencia vivida durante esos años en mi infancia, en mi adolescencia. Por mucho tiempo, busqué respuestas, respuestas que hoy las encontré en mi interior, viajando por cada área para llegar a este punto en el cual me tocó amarme a mí mismo primero para permitir que alguien más me ame. Mientras esto no sucedía, navegaba en un barco sin dirección, como un marinero buscando amor.

El amor en mis relaciones, al principio, fue muy conflictivo por el simple hecho de no quererme a mí mismo: no me amaba, no me cuidaba. Así que aprendí y entendí que una persona que no se ama a sí misma no puede amar a otro ser. Ahora todo cambia cuando vas caminando por la vida y decidís cambiar el chip mental, como te nombré anteriormente. El cambio comienza en tu interior. Recuerdo que un día, cansado de caminar con ese sentir vacío en mi interior, comencé a verme frente a un espejo. Desde ese día, empecé a autoaconsejarme, a alentarme como mi fan n.º 1; ahí empecé a quererme cada día un poco más. Cuando empecé a notar los primeros cambios en mi ánimo, en mi risa, le di más a fondo, me fui mimando con palabras de aliento hacia mi persona; fui creciendo, fui amándome cada día más, fui formando una fuente de amor en mi propio interior y sé que de esa fuente hoy puedo abastecer todo lo que me rodea. Hoy amo el hecho de estar vivo, hoy amo a la vida, me amo a mí mismo por sobre todas las cosas y estoy muy seguro de que, mientras esta fuente en mi interior aún permanezca activa, todo mi entorno será lleno de ese amor que cuida, que protege, que ayuda, que no juzga, que ama ver a las personas siendo felices consigo mismas.

¿Qué te quiero decir con todo esto? Quizás simples palabras, pero es importante dejar en claro que muchas veces necesitamos atravesar por el valle del desamor para poder completarnos y encontrar ese sentimiento tan puro y lleno de vida como lo es el amor. Una vez más, querido lector, te aliento a que no bajes los brazos, a que te ames con locura y sigas peleando tu buena batalla, porque el que busca siempre encuentra y el amor es algo que está muy cerquita de todos nosotros; simplemente que, a veces, la rutina, la cotidianidad, la costumbre a ciertas situaciones y ciertas cosas no nos dejan verlo o sentirlo.

Es un placer enorme que continuemos recorriendo juntos por este mágico libro que viene a abrir tu mente, a abrir tu corazón, a ayudarte a cumplir sueños, pero mayormente a motivarte a que jamás bajes los brazos.

Amistad

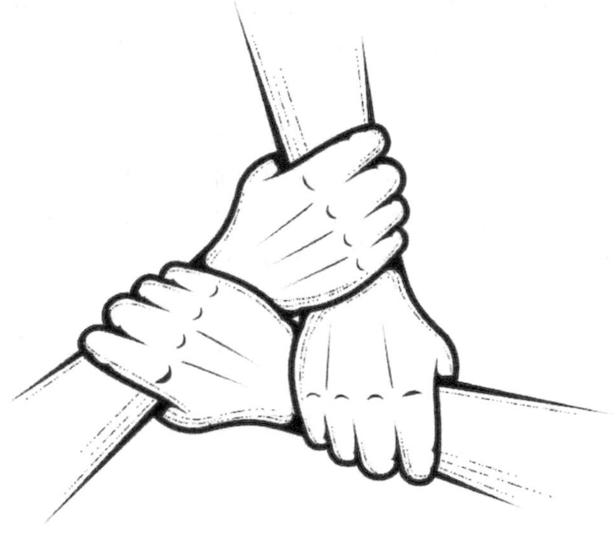

«Amistad» es una palabra muy sagrada para mí, ya que no a cualquiera le brindo el título de amigo en mi vida. Al principio no fue así, me golpeé muchas veces confiando en personas, confundiendo la amistad con gente que estaba solamente para sacar algún provecho o por conveniencia.

Aprendí a ser una persona selectiva en esa área, aprendí en quién sí puedo depositar confianza y en quién no, a quién le puedo decir amigo o a quién simplemente le reconozco por ser un conocido de la vida. Lógicamente, como escribí anteriormente en el tema de las relaciones, son temas que vamos puliendo a medida que vamos avanzando en la vida; por eso, nunca dejamos de aprender.

Siempre tenemos algo nuevo que aprender y, a medida que vamos permitiendo que nuevas personas lleguen a nuestra vida, debemos dejar que las cosan fluyan; ni bien la amistad no es algo que se da de un día para otro: la amistad se va formando en cada acción, en cada palabra, en cada momento vivido entre dos personas que en determinado momento se cruzan en la vida. A veces pienso que sí venimos de otras vidas porque me ha pasado de conocer a personas con una conexión tan fuerte entre miradas que me descolocan. Esas conexiones realmente te hacen notar que a esta persona no la conocemos de tan poco, sino que parece que la conociéramos de toda la vida; y a medida que va pasando el tiempo, esa conexión perdura. Los años pasan y seguimos estando presentes de alguna forma en la vida de estos individuos.

No nombremos a cualquiera amigo, no desperdiciemos energía en cualquier persona, debemos entender el verdadero valor de la amistad para no perder tiempo en cosas o personas pasajeras.

¿Y por qué vengo a hablarte de esta forma? Porque quizás aún estás atravesando por esos momentos difíciles en tu vida y te encontrás solo. Miras a tu alrededor y esas personas que decían ser tus amigos no están, y ahí te das cuenta de que tu primer y mejor amigo debes ser vos mismo. Mientras vos no seas tú mejor amigo no vas a tener amigos, o quizás sí, pero no amigos de verdad. Creo que la amistad, como dije, es algo muy sagrado y necesitamos ser conscientes de que, cuando le decimos a otro ser «amigo», le estamos abriendo la puerta de nuestra vida a esa persona; así que mucho cuidado por ese lado. Nuevamente te digo: no confiemos en cualquier persona y, antes de querer ser amigo de todos, primero se tu amigo.

El que quiere ser amigo de todos termina no siendo amigo de nadie. La amistad es algo hermoso: son momentos vividos son risas, son aventuras, son anécdotas que van a perdurar en nuestra memoria y en la mente de quienes escuchen nuestros cuentos. La amistad es algo que se debe cuidar con tiempo, con amor, con paciencia y, sobre todo, con perseverancia.

Valores

Qué importante que es caminar por la vida manejándonos siempre con valores. Soy una persona que tiene muy presente el respeto, aprendí a darme respeto a mí mismo y tuve que imponer muchas veces respeto sobre mi persona para aplicar esos valores que me enseñó la vida, tanto como la empatía, la integridad, el ser uno mismo en cualquier parte. Sin valores, difícilmente se puede alcanzar el éxito y llegar a donde quieras llegar; los valores son esas acciones que nos impulsan día a día a mejorar como personas, como seres humanos, como individuos que aman estar presentes en la vida. Jamás dejemos de lado los valores que nos representan como personas; aunque nos golpeen, aunque nos griten, aunque nos falten el respeto, dejemos que las cosas fluyan. Hagámonos respetar con calidad aplicando nuestros valores como personas, pero jamás rebajándonos al nivel de arrogancia que puede imponer otra persona sobre nuestra vida al momento de querer humillarnos o hacernos sentir menos.

Los valores nos abren puertas, los valores nos hacen diferentes y nos demuestran cuánto nos hemos superado en cada área de nuestra vida. Por eso, hoy te aliento a que no pierdas lo que te hace valioso, no pierdas los detalles, no te pierdas a vos mismo por nada ni por nadie. Disfruta de tu vida manteniéndote valioso como lo eres tú, querido/a lector/a; no permitas que nadie te haga dudar ni sentir menos de lo que vales. Eres un tesoro precioso sobre la faz de la Tierra; sigue brillando, sigue caminando, que pronto llegará tu victoria y también podrás decir: «SUPERARME SIEMPRE FUE UN PLACER».

PENSAMIENTOS POSITIVOS

Querido amigo/a, tengo que darte las gracias por tu tiempo. Gracias por este camino que hemos recorrido juntos hasta ahora. El objetivo de este libro es llenarte el corazón de esperanza, hacerte ver que siempre hay una salida y que siempre se puede salir adelante, más allá de lo que nos toque vivir.

En forma de agradecimiento, a continuación te dejaré algunos pensamientos positivos que me han ayudado muchísimo en momentos como los que he cruzado. Deseo de todo corazón que tú también puedas decir: «SUPERARME SIEMPRE FUE UN PLACER».

1. Ama la vida que tienes para poder vivir la vida que amas.

Hussein Nishah nos deja este inspirador pensamiento positivo sobre la pasión con la que afrontamos la vida.

2. Mantén tu cara hacia el sol y no podrás ver una sola sombra.

Gracias a su optimismo y tesón, Helen Keller vivió una vida extraordinaria pese a las dificultades que conllevaba ser sorda y muda desde la temprana edad de diecinueve meses.

3. Un pequeño pensamiento positivo en la mañana puede cambiar todo tu día.

Esta frase anónima anima a empezar el día con un pequeño gesto que te mantendrá con optimismo el resto de la jornada.

4. Cada momento es un fresco comienzo.

Este otro pensamiento positivo corto es de T. S. Elliot, y nos recuerda que en cualquier momento podemos tener una nueva oportunidad para empezar de nuevo.

5. Nunca eres demasiado viejo para tener otra meta u otro sueño.

Este pensamiento motivador de C. S. Lewis es ideal para aquellas personas que creen que la edad es un impedimento para lograr su sueño.

6. Todo lo que puedes imaginar es real.

Inspiradora cita célebre de Pablo Picasso que nos invita a imaginar y soñar.

7. El único lugar donde tus sueños son imposibles es en tus pensamientos.

Robert H. Schuller nos dice con esta reflexión positiva que el único impedimento está en tu cabeza.

8. Si la oportunidad no llama, construye una puerta.

Nosotros podemos crear nuestro propio destino, según esta frase positiva para reflexionar de Milton Berle.

9. No llores porque se terminó, sonríe porque sucedió.

Un pensamiento positivo corto y bonito de Dr. Seuss que nos inspira a ver el lado bueno de las cosas.

10. Eres capaz de mucho más de lo que estás imaginando o haciendo ahora.

Frase de Myles Munroe para creer en uno mismo y animarte a lograr todo lo que te propongas.